Isolde Ohlbaum

Das Karussell im Englischen Garten

Liebe Annemarie!

Ich hoffe daß dich dieses schöne Buch an Deine Kindheit als „Münchner Kindl" erinnert und Dir viel Freude macht!

Deine Tante Anni

Weihnachten 2002

Isolde Ohlbaum

Das Karussell im Englischen Garten

Mit Texten von
Eva Demski

Sanssouci

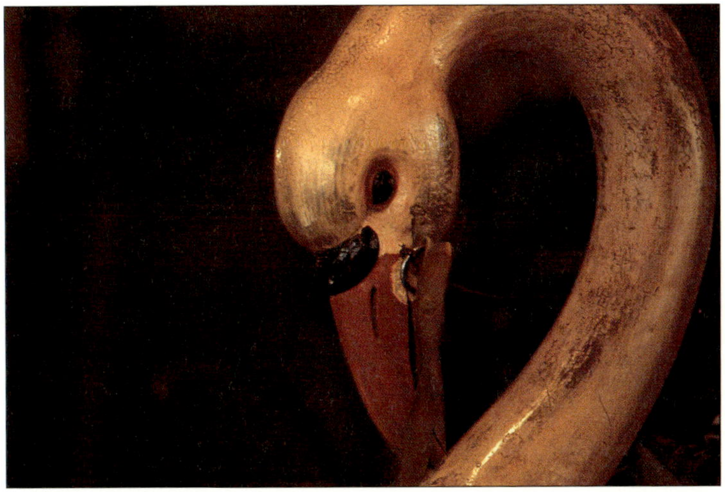

Die sich als erste reintraut, ist die Nanni. Die Nanni heißt richtig Annika und hat heute Geburtstag. Die beiden anderen sind ihre Geburtstagsgäste. Sie heißen Franziska und Violetta. Aber die Mamas und die Papas und alle Leute sagen Zissy und Bummerl zu ihnen.

Nanni ist die kleinste von den dreien, und an das Karussell hat sie denken müssen, als vor ein paar Wochen die Mama gefragt hat, was sie sich zum Geburtstag wünscht und wen sie einladen mag.

Zissy und Bummerl haben ihr mal gesagt, daß sie sich vor dem Karussell fürchten.

Da drin ists dunkel, und der große Vogel mit dem Sitz obendrauf kann den Hals drehen und zubeißen, so schnell, daß es keiner sieht! Und dann kommst du raus und hast einen blauen Fleck, und keiner glaubt dir, daß es der Vogel gewesen ist!

Die Nanni ist zwei Jahre jünger als Zissy und Bummerl und hat überhaupt keine Angst vor dem Karussell und dem Vogel. Seit kurzem weiß sie von der Mama, daß sie trotzdem in Ewigkeit zwei Jahre jünger bleiben wird als ihre beiden besten Freundinnen.

Und wenn ich jeden Tag den weißen Käs eß?

Leider, leider, hat die Mama gesagt, dagegen hilft nicht einmal Tofu, obwohl er sonst unheimlich gesund ist.

Da hat die Nanni lang nachdenken müssen. Und dann hat sie sich gewünscht, daß sie Zissy und Bummerl zu ihrem Geburtstag ins Karussell einladen darf. Und daß es gar nie mehr Tofu gibt.

Andere Karusselle dürfen reisen und die Welt sehen. Mein Karussell bleibt immer am gleichen Ort, sommers wie winters. Wenn das Fernweh kommt, habe ich die Musik. Deswegen passe ich auf die Orgel auf und fliege nicht weg.

Ein Karussellstorch ist etwas ganz Rares, das fällt leider keinem auf. So wenig eben, wie die Musik auffällt – erst wenn sie fehlt. Mit der Musik kannst du nach Wien reiten oder eine Kutsche ans Meer nehmen. Immer im Kreis herum und jeder kommt dort an, wohin er sich gewünscht hat.

Ich klappere hier zwar seit fast hundert Jahren, aber ich schau mir immer noch die Gesichter genau an, die vorbeisausen. Manche machen die Augen zu und den Mund zum Schreien weit auf, andere starren in den Wald, der sich um sie dreht, und man sieht ihnen an, wie weit sie schon weg sind, mit jeder Runde weiter. Als würden die Kreise größer in die grünen Wirbel hinein.

Die Drehorgel entführt Liebespaare und Einsame an den schönen Rhein, wo sie küssen und lachen und mit dem Brüderlein trinken können, und die Kinder spielen unter der Laterne vor dem großen Tor: Daß du mich liebst, das weiß ich!

Manchmal denke ich noch an das Glockenspielwerk von früher.

Damals wollten die Mädchen, kaum daß sie ihren ersten langen Rock hatten, partout nicht mehr auf mir reiten. Als würde ich gleich was bringen!

Den heutigen ist das gleich, die kennen mich gar nicht. Die Lieder können sie auch nicht mitsingen.

Irgendwer hat das mit der Arche Noah aufgebracht, das ist Blödsinn. Der Witz bei der Arche war doch das Pärchenkonzept – das ist natürlich keine Garantie für Glück, bei uns sieht man das ganz deutlich an den Steinböcken – aber für die Kommunikation ist es schon gut. Auch wenn man sich anschweigt, tut man es doch in derselben Sprache.

Wir Exoten hier sind auf Zweckgemeinschaften angewiesen. Das klappt auch ganz gut. Aber manche Dinge muß man mit sich selber ausmachen – ich zum Beispiel bin seit Jahren traumatisiert, und keiner versteht das. Damals sind nämlich immer wieder junge Leute herumgelaufen, Mädchen und Buben, die eigentlich ganz putzig aussahen, ich hätte mir gewünscht, daß sie mich mal besuchen, um mit mir eine kleine Runde zu drehen. Statt dessen haben sie laut geschrien:

Strauß raus!

Strauß raus!

Die anderen Tiere haben gelacht, sogar die Giraffe, mit der ich mich eigentlich am besten verstehe. Mir hat das furchtbar weh getan! Damals habe ich mir zum erstenmal eine Straußin gewünscht. Sie hätte mich trösten können, vielleicht daß sie gesagt hätte: Die meinen es nicht böse! oder: Junge Leute sind eben so!

Und dann hat die Giraffe gesagt, sie hätte man auch schon: Schlaffe Giraffe! genannt, und zum Storch: Horch, blöder Storch! hinübergerufen, und was das Lama auszustehen hätte, wüßte ich doch wohl! Und keines würde sich deswegen so anstellen wie ich!

Und das hat mich dann noch mehr verletzt. Seither weiß ich, daß mich keiner versteht. Nur dann und wann ein Kind, das auf mir reitet und mit mir redet.

Die ganze Zeit schon grüble ich, ob das hier eine wirkliche Karriere ist? Man weiß eben nie, ob man sich richtig entschieden hat. Der König – nein, ich sage nicht *Kini*, schrecklich! Der einzige gesegnete göttliche Spinner in diesem Land hatte einer Kusine meiner Großmutter den Job gegeben, an dem wir seither alle gemessen werden: Die Betreffende arbeitet immer noch als Opernschwan, Schloß Linderhof, auf dem Spiegelglassee in der Lohengrinhöhle. Mehr kann man als Schwan kaum erreichen, ehrlich gesagt. Obwohl, Wagner ... andererseits ist unsere Orgel auch nicht immer leicht auszuhalten.

Für meinen Job hier spricht natürlich die Bewegung, immer rundherum und Gewicht auf dem Rücken, da rostest du nicht so leicht ein. Es heißt, die Kusine habe in den Jahrzehnten ihrer Festanstellung auf dem gläsernen See ziemlich zugelegt. Wahnsinnig viele Japaner wären dort, hört man. Deswegen soll sie sich schon beschwert haben: Ich bin zu Tode photographiert! hat sie angeblich gesagt.

Ich kriege meine Informationen von einer Krähe, die auf Linderhof den Job als Unglücksrabe versieht. Die Leute können das ja gar nicht mehr auseinanderhalten: Dohle, Krähe, Rabe – denen ist das alles eins. Mich haben sie auch schon für einen Pelikan gehalten.

Vielleicht mache ich dort mal ein paar Tage Urlaub, auf Linderhof. Es ist schließlich die gleiche Firma: Schlösser, Gärten und Seen.

Da liegt es zwischen den alten Buchen, klein und rund, und verschlossen wie ein Berghüttchen. Was für ein Glück, daß seine Erbauer offenbar nichts davon gehalten haben, ihre Attraktion in die Welt hineinzuschreien! Man muß es immer noch suchen.

Die flanierenden Münchner möchten gern am Ende ihrer Spazierwege etwas finden, das sie erwartet, das ist schon immer so gewesen. Das bayrische Gemüt ist für das Gehen um des Gehens willen nicht gemacht, der Mensch braucht ein Ziel: einen Biergarten oder eine Kegelbahn, eine Schießbude, ein Opernhaus – oder eben ein Karussell. Das Ziel aber soll sich nicht wichtig machen: »Freilich sind diese Belustigungsorte größtentheils nur Hofräume vor den Wirthshäusern, und einige Kastanien- und Lindenbäume müssen schon den Garten vorstellen. Die meisten Promenaden sind nur der Weg von und nach den Wirthshäusern und die Ansiedlung solcher in der Nähe des Englischen Gartens, wo sie mit rauschender Musik zum Tanz, mit lärmender Trommel zum Caroussel locken, haben diesem erst eine große Menge von Spatziergängern verschafft ...«

Nachdem einer das aufgeschrieben hatte, dauerte es noch vierundachtzig Jahre, bis die kleine Arche Noah sich zu drehen begann. Tagelöhner haben es geschoben, immer ein Mann, im Keller unter der Lustbarkeit, für achtzehn Pfennig in der Stunde. Sie haben sich unten verewigt, der Rottler Johann zum Beispiel hat zwei Jahre da unten geschuftet. Damals war grade die Räterepublik, 1918 und 1919, und die Revolutionäre haben ihn befreien wollen. Aber wie es so geht: Der hat das Karussell einfach weiterdrehen wollen, und dann wars auch schon vorbei mit der Revolution.

Eigentlich ist sie viel zu alt und zu fett, um mitzufahren. Das sagt sie selbst, jedesmal, wenn sie kommt und sich in die Kutsche zwängt, immer in dieselbe.

Kinder, ich bin viel zu alt und zu fett, um bei euch mitzufahren! Aber dann lacht sie und ächzt wie der Motor unter uns, und die Kutsche Karlotta seufzt und sagt jedesmal: Gottseidank Nußbaum!

Wir sind alle nicht aus Weichholz, ich auch nicht.

Sie trägt immer einen blauen Hut mit einer zerdrückten Pfingstrose, den nimmt sie ab, winkt mir damit zu und ruft: Hallo, hübsches Schimmelchen!

Und dann fängt sie an, in ihrem Buch zu lesen.

Sie liest Gedichte.

Gute Gedichte kann ich nur auf dem Karussell lesen! sagt sie. Das gehe ins Geld, aber es sei es wert.

Manchmal beugt sie sich mühsam raus und winkt mit ihrer kleinen fetten Hand: Hör zu, Grane, mein Roß! ruft sie dann über die Orgelmusik hinweg. Der Schwan sagt, er weiß, wen sie damit meint. Mir ist egal, wie sie mich nennt.

Was
Denken Farne?
Wie steht der Falke zu Gott?
Was hält das Lamm so still?
Marie, oh Marie.

Siehst du? Das kann man auf sicherem Boden gar nicht aushalten! sagt sie glücklich.

Na gut, denke ich.

Aber warum kommt nie ein Pferd vor?

Es wird schön heute. Nicht zu heiß, sonst haben die Kinder keine Lust zum Karussellfahren, hocken bloß faul herum und geben ihr ganzes Geld für Eis aus. Nach Regen siehts nicht aus, sonst wird gar nicht erst aufgemacht, die Tiere hören nur das Wassergeknatter auf dem Dach und langweilen sich. Nicht einmal mehr die undichte Stelle über dem Schlitten gibts noch, über die haben sie wenigstens reden und sich aufregen können. Alles repariert! Seither trägt der eine Steinbock ein ganz merkwürdiges Braun.

Nein, heute sieht es aus, als würde ganz richtiges, wunderbares Karussellwetter, mit geduldigen und spendablen Papas und Mamas und lustigen Kindern, von denen keins versucht, seinen Namen in einen Pferdehintern zu schnitzen oder die Glöckchen von der Kutsche abzureißen. Es kommt bestimmt auch kein Betriebsausflug aus Hamm oder Hamburg oder Hamborn, der sich unbedingt auf dem Karussell photographieren lassen muß: Sieben Zentner mittleres Management samt Betriebsrat in den seufzenden Kutschen, Schrammen an den Bäuchen der Rösser und abgebrochene Kopfpuschel.

An einem schönen Tag wie heute trauen sich vielleicht die ganz alten, stillen Damen und Herren in den Englischen Garten, um das Karussell zu besuchen. Die kennen jedes Tier beim Namen und wissen noch genau, auf welchem sie am liebsten gesessen haben, damals. Einer von den alten Herren singt immer die Lieder mit, die die Karussellorgel spielt. Manche von den Damen weinen ein bißchen.

Ja, heute wird ein schöner Tag, ein schöner Karusselltag.

Wer mit mir Kutsche fahren will
Der muß mindestens ein Maharadscha sein
Oder Tigerbändiger
Und nicht zu klein!
Schwarze Haare soll er haben
Aber kein T-Shirt, wo was draufsteht.
In der Schule darf er ruhig bei den Frechen sein
Und schlechte Noten schreiben
Vielleicht heirate ich ihn ja trotzdem.

Ach, wie sehr ich es begrüßte
Wenn ich in die Wüste müßte!
Und wenn ich dann auch noch wüßt
Wer mich in der Wüste küßt!

Der Schwan beschwert sich schon, weil ich das Liedchen so oft vor mich hin singe. Es war das Lieblingslied meiner Mutter. Sie hat als Weihnachtskrippenfigur in einer kleinen Kirche in der Oberpfalz gearbeitet. Dort hörten sie das Liedchen auch nicht so gern, wahrscheinlich war es ihnen nicht fromm genug.

Der Schnitzer hat mir von meiner Mutter erzählt, ich sähe ihr ziemlich ähnlich, sagte er. Meinen Vater hat er öfter im Tierpark Hellabrunn besucht – und so hat er mich dann gemacht, ziemlich viel Krippenfigur und ein bißchen lebendiger Vater, vor allem die Augen. Auf die Augen war der Schnitzer besonders stolz, er hatte da einen Trick, irgendwas mit dem Lack oder der Wölbung.

Lebendig braucht ihr nicht auszuschauen, aber lieb. Und gescheit. Die Kinder müssen wiederkommen wollen und die Erwachsenen sollen sich an euch erinnern.

So eine Mischung aus Zoo und Christkindlkrippe ist gar nicht schlecht, hat der Schnitzer gesagt, aber das geht halt nicht immer.

Ich hätte meine Mutter und meinen Vater gern kennengelernt.

Ja, für mich ist jede Wüste
Besser als die Meeresküste
Sehnsucht hab ich nach dem Sand
Doch ich hab ihn nie gekannt.

Vielleicht schleppt jeder von uns ein Geheimnis im Kreis herum, schon seit Jahren. Eins kenne ich: das vom Schwan. Er weiß aber nicht, daß ich es weiß.

Der Professor Zierl mit seinem Enkel hats rausgelassen, aber weil er dabei direkt vor mir stand, hat es der Schwan nicht gemerkt.

Magst du auf den Flamingo steigen, Dante Gabriel? hat er zu dem Buben gesagt, oder lieber auf den Vogel Strauß?

Dante Gabriel ist ein fetter kleiner Brocken mit Trampelfüßen, mir ist erst gar nicht aufgefallen, was der Professor gesagt hat.

Flamingo? Wir haben keinen Flamingo, was ist überhaupt ein Flamingo?

Und der Bub sagt, er möchte auf den Sssswan.

Das ist kein Schwan, Dante Gabriel, sondern ein Irrtum, eine falsche Zuschreibung! Und dann liest der alte Zierl aus einer Schwarte vor, über die Geschichte von unserem Karussell, daß es ursprünglich einfach weiß ausgemalt war und daß »in den inneren Kreis, abgegrenzt durch eine Balustrade, zwei kleinere Wagen sowie Giraffe, Flamingo, Lama, Strauß, Kamel und Storch« gekommen seien.

Ich war sprachlos. Darum hat er so lange Beine, hab ich gedacht, und daß die Dichter genauso dumm sind wie alle anderen, schließlich geht das berühmte Gedicht vom Georg Schneider ja so los:

Weißt du noch? Hier saßen wir:
Schwan zog die Karosse

Und dann ist er gar keiner, der Schwan! Aber ich sags nicht weiter.

Das wollten sie ausprobieren: Was nämlich alles in eine kleine runde Arche hineinpaßt: die Stadt, Gestirne, Wüste, ein Zoo und fast alle Erdteile, sämtliche Münchner Originale, Trachten, Berufsgruppen, die Früchte der Erde und das Oktoberfest sowie ein ordentliches Orchester. Alles auf kleinstem Raum und in schöner Ordnung und Eintracht, erfunden vom Herrn Malermeister Julier und dem Herrn Josef Erlacher.

Unter dem geschindelten Dach wohnen die Schlimmen und die Guten: das Paulinchen und der bitterböse Friederich, und auch die Nanni von der Au und der ewige Hochzeiter. Die beiden Bösen sind ursprünglich in Frankfurt gebürtig wie auch ihr Bruder, der Struwwelpeter. Aber die Münchner sind in der Überzahl. Ob es sich bei ihnen um Gute handelt? Wer wird dafür schon die Hand ins hölzerne Feuer legen?

Der Krenkel Fiaker, der Finessensepp, der immer nur: Nix gwiß woas ma net! sagen kann, der Jäger und der Schichtl von der Wiesn: Heilige sind die auch keine! Das sagen jedenfalls der dumme Hans im Glück und das schlaue Münchner Kindl, die auch hier wohnen, in dem hölzernen Weltchen voll seltsamer Tiere, für deren Aussehen offenbar nicht der Allmächtige – im Karussell durch das Christkind vertreten – sondern der Erlacher zuständig war. Ein Schwan mit langen Beinen von zweifelhafter Identität, ein doppelt lang geschnäbelter Storch, eine nie zuvor gesehene kurzschnäuzige Pferderasse, die sich durch Strapazierfähigkeit auszeichnet, ein Kamel, das dem Lama zum Verwechseln ähnlich ist – und alles unter dem Schutz fürsorglicher und besserwisserischer Planeten: So sieht der Frieden aus! Jedenfalls am Chinesischen Turm im Englischen Garten.

1x 50 S

Hier wirds euch schwindlig ohne Bier, das ist ja grad die Freud!
Und wenns zu schnell geht, schauts zu mir, ich helf euch dann, ihr Leut!

Es dreht sich schnell das Karussell, so macht es auch das Glück
Der eine nimmts dir auf der Stell, der andere gibts zurück!

Jeden Abend um sechs haben sie sich in der *Hundskugel* getroffen. Ihre liebsten Gesprächsthemen über viele Jahre hinweg waren Hüte und die Unsterblichkeit. Beides immer wieder zu erörtern, neue Gesichtspunkte anzuführen und Moden zu kommentieren wurde ihnen nie langweilig. Hüte und Gedanken über die Unsterblichkeit sind der Mode besonders unterworfen – böse Zeiten, wo man die einen nicht mehr trägt und an die andere nicht mehr glaubt!

Herr Reischl war ein eher vorsichtiger Mensch, der sich seinen Hüten unterzuordnen pflegte, während er von der Unsterblichkeit nur Antworten auf ein paar im Diesseits unlösbare Fragen erhoffte.

Herr Lenzbichler pflegte zu sagen, daß ein Hut niemals breiter sein dürfe als das Haupthaar und die Halsschleife. Ein Hut soll nie regieren! Was man bei Wilhelm Tell sehen könne. Die Unsterblichkeit dagegen wollte er als andauerndes und vollbesetztes Theater verstanden wissen, in dem jedem, auch ihm, zugejubelt würde.

Als der Erlacher in sein Karussell Münchner Originale hineinmalen wollte, hat er sich der beiden entsonnen und sie miteinander verewigt.

Mit unterschiedlichen Hüten, das schon.

Was die Unsterblichkeit betrifft, haben sie an diesem Himmel genau die gleiche.

Ptolemäisch gesehen bin ich ein Archetyp, ich weiß zwar nicht, was das ist, aber es klingt toll. Und weil mir ein Stück vom Dezember und ein Stück Januar gehören, ändert sich in meinem Leben nur alle sieben Jahre was. Sagt mein Astrologe, der an der Decke. Wenn ich ehrlich bin, hat sich nicht einmal in siebzig Jahren was verändert!

Außer mir ist kein einziger Archetyp auf dem Karussell, nur meine Frau natürlich, die da neben mir. Man darf als Archetyp nie eine vom gleichen Zeichen heiraten, aber was hätte ich denn machen sollen? Zu unserer Zeit ist man ja nicht gefragt worden. Allerdings, sagt mein Astrologe, nähme der Charme der Steinböckin im Alter zu. Man muß halt warten.

Wir sind ordnungsliebend und konservativ und tun immer unsere Pflicht. Wem sagt er das! Gut im Spitzenmanagement zu gebrauchen. Scheuen nicht vor harter Inanspruchnahme zurück. Geduldig, zielbewußt, diszipliniert – sonst hätte ich weiß Gott nicht fünf Generationen Kinder im Kreis herumschleppen können, immer die ganz Ängstlichen oder die ganz Verwegenen. Für beide Sorten gehts dabei um die Hörner – gut zum Festhalten, aber auch zum Mutigtun!

Wir Steinböcke neigen mitunter zu Albernheiten, lieben es besonders, Bäume um uns zu haben und die Farben Dunkelgrün, Schwarz und Braun.

Besonders erfolgreich sind wir als Philosoph, Dentist oder Silberschmied.

Von Karussellkünstler steht da nichts.

Aber der Große Grock war Steinbock und das paßt ja dann wieder.

Niemand hat je herausgefunden, wie es kommt, daß um das kleine Karussell herum immer eine Stille ist, auch an schönen Tagen, in denen die halbe Stadt und Tausende von Fremden den Englischen Garten bevölkern. Auf den ersten Blick ist es ja nur eine unter vielen Belustigungen und steckt wehrlos zwischen Hendlbuden, Breznständen, Kinderwagen, Bierausschänken, Erweckungspredigern, Blaskapellen, Japanern, Sachsen, Luftballonverkäufern, Hunden, Liebespaaren, Wahrsagern, Ziehharmonikaspielern, Radlern, Radlertrinkern, noch mehr Hunden, Halbnackten, Trachtenträgern, Schlechtgelaunten, Betriebsausflügen, Gutgelaunten, Dreiviertelnackten, Einsamen, Ehrsamen, Gaunern, Steckerlfischbratern, Herzenverkäufern, Herzenverschenkern, Herzensdieben – und ist doch immer wie mitten in einer ganz anderen Welt. Die ist leise, aber nicht lautlos. In ihrer Mitte spielt Musik; die behält das kleine Karussell für sich und läßt sie nicht nach draußen. Schon wenige Schritte vom Eingang entfernt hört man sie nicht mehr. Aber den tausendtönigen Krach ringsherum hört man auch nicht, als gäbe es zu den drei Ebenen des Karussells eine vierte, größere, aus Ruhe.

Vielleicht sammelt es die an Regentagen, oder im Winter, in einer geheimnisvollen Zisterne, die es an Trubeltagen anzapfen kann.

Wenn er nach Regentagen das Karussell aufsperrt, sagt der Herr Höllenreiner, riecht es stark nach frisch geschlagenem Holz, als wären die Tiere noch jung.

Vielleicht ist es ein bißchen blöd, in meinem Alter noch Karussell zu fahren. Ja, mein Vater hat sich auch draufgesetzt, auf das Kamel, und ganz albern gelacht, bis der Herr Höllenreiner vom Karussell ihm gesagt hat, die Tiere im Innenkreis wären nur für die Kleinen und wenn er will, kann er ja auf den Schlitten.

Schon o.k., hat Papa gesagt und noch mehr gelacht, und dann ist er runtergestiegen und so mitgefahren, das dürfen die Großen. Den Erwachsenen macht es überhaupt nichts aus, wenn sie sich blöd benehmen. Hier im Englischen Garten führen sich viele kindisch auf, das liegt an der Luft, sagt der Papa, aber er machts auch, finde ich.

Es ist schon schön, so im Kreis herumzusausen mit der Musik von der Orgel, eigentlich ist das ja eine unmögliche Musik, aber sie paßt. Wenn einem der Wind so in die Haare geht, fühlt man sich toll, irgendwie stolz, aber auf was, weiß ich nicht.

Draußen steht einer von meiner Schule, den habe ich schon mal in der Pause gesehen. Ich glaube, er heißt Mario. Wenn ich früh genug gemerkt hätte, daß er herschaut, wär ich gar nicht erst aufs Pferdchen gestiegen. Jetzt kann er überall herumerzählen, daß ich noch Karussell fahre wie ein Baby.

Ist mir egal. Ich bin froh, daß ich das gestreifte Kleid anhabe.

Ich spare auf ein richtiges Pferd, aber das weiß keiner. Auf ein dunkelbraunes, wie meins hier. Mit genau solchen Kulleraugen.

Erst haben wir uns gestritten, wer auf welchen darf. Ich will immer den inneren, ich glaub, er ist ein kleines Stück weiter vorn. Die Alice, das ist unsere Oma, sagt, wir sollen halt abwechseln. Aber wenn man etwas gern hat, mag man nicht abwechseln. Ich hab den inneren viel lieber als den äußeren. Er schaut anders, viel frecher.

Die Alice ist auch schon zum Reiten hierhergegangen, aber das ist lang her. Sie sagt, auf die komischen Hirschen wär sie aber nie gestiegen, sondern immer nur auf das vorderste von den weißen Pferden, das vorderste außen.

Haben die damals genauso ausgeschaut wie jetzt?

Ganz genau so, Mädi!

Und du?

Ja, ich hab natürlich ein bissl anders ausgeschaut! sagt sie, und ich weiß genau, was sie jetzt macht. Sie macht nämlich ihre Tasche auf und holt ihr Nessesär raus, dann knipst sie es auf und holt ihre goldene Puderdose raus, und dann knipst sie die auf und schaut in den Spiegel. Dann holt sie den Lippenstift raus und malt sich den Mund rosa und dann zwickt sie die Lippen so zusammen und schaut sich dabei die ganze Zeit in dem kleinen Spiegel an.

Und dann sagt sie: Äs teim gohs bei.

Das sagt sie immer, wenn sie von ihrem Pferd erzählt, wo sie früher drauf geritten ist, und nie wäre sie auf die komischen Hirschen gestiegen, nämlich weil die Geweihe von denen echt sind und davor hat sie sich gegraust.

Seit sie das weiß, graust sich meine Schwester auch.

Aber ich nicht, jetzt grad nicht!

Man fühlt sich schon irgendwie seltsam als Karussellkutsche, das werden Sie sicher verstehen. Fünf sind wir hier drinnen und der Schlitten, aber das ist natürlich nur ein weitläufiger Verwandter, der froh sein kann, daß er dabeisein darf. Manchmal denke ich, ob in hundert Jahren fünf kleine übriggebliebene Autos im Karussell stehen werden? Draußen auf den Straßen kein einziges mehr, nur noch eine Kindergaudi: Schau mal, mit so was sind die früher herumgefahren!

So geht es uns, das macht man sich ja draußen bei der Kundschaft gar nicht bewußt. Es sollen allerdings noch ein paar ärmere Verwandte vorn am Parkeingang stehen, Einspänner, mit ganz anständigen Pferden, wie ich höre. Dürfen ein paar Ründchen durch den Park fahren, wenn sie Dumme finden, die das bezahlen. Furchtbar teuer, nur was für Schürzenjäger, denen das Geld locker sitzt. Schürzenjäger sagt man, glaube ich, nicht mehr. Vielleicht sind die auch ausgestorben.

Natürlich ist es hier für mich als Kutsche wesentlich angenehmer als im Museum. Hier wird man noch gebraucht, das ist ein schönes Gefühl. Für den Straßenverkehr wäre ich sowieso zu zierlich gewesen, damit tröste ich mich, wenn es regnet und ich mich langweile. Mit den anderen Kutschen habe ich ein etwas gespanntes Verhältnis, das bleibt auf so engem Raum nicht aus. Und daß die Kinder in die mit den albernen Glöckchen am Dach immer zuerst einsteigen, ärgert mich ein bißchen.

Dafür kommt die Gedichteleserin nur zu mir.

Vor dem unseren hat es schon andere Karusselle gegeben, an der gleichen Stelle, es ist ja auch wirklich ein schöner Platz. Wenn wir nichts zu tun haben, meine Freunde und ich, versuchen wir auszurechnen, wie viele Tage wir hier schon arbeiten. Keiner von uns kann bis über hundert rechnen, und das langt nicht.

Wir sind unseren Kollegen von der Rennbahn in einem unterlegen – wir können niemanden abschmeißen! Wenn eins runterfällt, sind wir nicht schuld. Kindern passiert das gottlob ganz selten, und wenn, flüstern wir ihnen einen kleinen Spruch zu, dann hören sie meistens auf zu weinen.

Aber wenn einer voll Bier bis zum Hals unbedingt seine groben Schuhe in unsere Flanken rammen muß, spüren wir gern den unsicheren Reiterhintern, wie er ins Rutschen kommt, natürlich machen wir uns dann besonders glatt und – pardauz!

Die Kinder können uns lachen hören, manche wenigstens. Vor allem die kleinen Mädchen, die sind ja alle verrückt nach Pferden und besuchen uns, weil sie schon mal üben wollen.

Das ist wie immer bei der Liebe: Da sitzen sie auf unserem Rücken und träumen und verschwenden keinen Gedanken ans Striegeln und Hufe auskratzen und Ausmisten und Putzen.

Wir sind immer schön und sauber, ganz selten brauchen wir ein bißchen Farbe oder den Schreiner, und wenn, dann sind die Erwachsenen schuld.

Die Erwachsenen sind die schlimmeren Kinder, sagt der Herr Höllenreiner.

Wie der Spruch für die Kinder heißt?

Das sagen wir nicht, sonst hilft er ja nicht mehr.

Heute war der Philosoph wieder da, sagt die Giraffe.

Das ist ein kluger Mann, heißt es, flüstert der Strauß schüchtern.

Ich weiß nicht, sagt die Giraffe. Er kann seine Zwillinge immer noch nicht auseinanderhalten. Und wenn sie bei mir stehenbleiben, sagt er: Wollt ihr auf das Pferderl?

Was du nicht sagst, sagt der Strauß und wird rot.

Ich glaube, wir sind viel schlauer wie der, sagt die Giraffe.

Eigentlich heißt es doch, daß wir sehr dumm sind, sagt der Strauß und wird noch röter. Langer dünner Hals und kleiner Kopf! Doof! sagt er und schaut sehr traurig.

Das ist eben der Irrtum, sagt die Giraffe. Der Philosoph hat einen kurzen Hals, da passen zu viele Gedanken auf einmal durch, und einen dicken Kopf hat er auch, da surren sie dann alle auf einmal herum. Deswegen ist so ein Durcheinander drin. Bei uns kommt immer nur ein Gedanke nach dem anderen, und jeder muß einzeln durch unseren schönen langen Hals, bis er hinauf in den Kopf darf. Da bleibt er dann ganz für sich allein, bis der nächste kommt. So hat es eine Ordnung, das Denken!

Daß mir das noch nicht aufgefallen ist, antwortet der Strauß verschämt. Was denkst du grade?

Daß morgen sicher die Sonne scheint, sagt die Giraffe stolz.

Ach, wie schön! sagt der Strauß glücklich. Ich denke genau dasselbe.

Kannst du denn raten – eins zwei drei –
Was das wohl für ein Reittier sei?
Ein Pferd ists nicht, da fehlt die Mähne
Ein Elefant bräucht lange Zähne
Ein Nashorn? Dafür ists zu schlank
Vielleicht ist dieses Nashorn krank?
Als Nashorn ist das nicht geborn
Das trüge doch sein Horn ganz vorn!
Vielleicht ist dieses Tier ein Hirsch?
Da tönts mit Ächzen und Geknirsch
Und leise knarzend: Liebes Kind
Weißt du, was Fabeltiere sind?
Ich bin ein Fabelwesen, schau!
Und hab auch eine Fabelfrau
Wir brauchen keinen Namen!
Amen!

Vielleicht wundert sich mancher, daß unser Karussell sich so rar macht. Nur bei schönem Wetter, und erst ab mittags, an den Sonn- und Feiertagen ab vormittags, aber auch nur dann, wenn es schön ist.

Und was ist schön? Es könnte doch Leute geben, die es am allerschönsten finden, bei Schnürlregen in der roten Kutsche zu sitzen und sich im Kreis herumtragen zu lassen, während es rauscht und spritzt und flüstert und die Gedanken immer größere Kreise ziehen. Oder bei Gewitter! Jeder weiß, wie viele löwenmutige kleine Buben es gibt, die unbedingt auf dem Rappen reiten wollen, während es blitzt und donnert! Und die kleinen Mädchen sind noch viel mutiger, die würden sogar spät in der Nacht, wenn nur noch der Mond leuchtet, auf den Strauß oder die Giraffe steigen und sich davontragen lassen.

Das glaubt ihr nicht?

Das ist aber so! Und nicht nur das – sie wünschen sich auf dem blauen Karussellschlitten zu sitzen, während große Eisbrocken das Dach hinunterrutschen und Eiszapfen ringsherum hängen wie scharfe, tropfende Zähne.

Oder im Herbstnebel, wenn nichts mehr zu sehen und zu hören ist und es nach nassen Walnußblättern riecht, wie in Watte hineinzureiten, immer rundherum, und auch die Musik klingt wie durch Watte, und die Orgel klagt: Du kannst nicht treu sein.

Das wäre toll!

Aber die Fahrt gibts nur bei schönem Wetter, und darum können wir alle nicht beweisen, was wir für kühne Abenteurer wären, wenn man uns ließe!

Nachts ist es oft einsam. Nicht für die Gäule, die sind ja zu zehnt und haben immer was zu reden. Die Fabelhirsche und die Steinböcke haben immerhin einander. Aber wir anderen müssen was träumen.

An schönen Tagen, wenn viel Kundschaft kommt, ist man abgelenkt. Reitet zur Musik im Kreis herum und freut sich, wenn das Kind obendrauf einen streichelt. Noch besser ist es, wenn eins mit mir redet.

Werds da ned schwindlig? hat ein kleines rothaariges Mädchen neulich gefragt.

Gar nicht, ich bins ja gewöhnt, habe ich geantwortet.

Na bleib i no a weng heroben! schrie sie fröhlich und war ziemlich zornig, als ihre Mutter sie nach der Runde herunterhob.

Drobenlassn, drobenlassn!

Was kann eine einzelne Holzgiraffe schon tun, außer seelenvoll schauen und Versprechen flüstern? Die kleine Feuerhexe war eins von den Kindern, die unsereinen verstehen.

Ich träume jede Nacht was, wenn du magst, schenk ich dir ein Stück von dem Traum. Er ist ziemlich lang.

Träumst immer desselbe? fragte sie und trat mit ihren kleinen grünen Stiefeln nach ihrer Mama, weil sie nicht wegwollte.

Immer, sagte ich etwas beschämt. Ich kann keinen anderen Traum. Es paßt überhaupt nur der eine in meinen Kopf. Ein gelbes Land voll mit gelben Giraffen, eine höher als die andere. Ich glaube, es heißt Girafrika.

I geh nach Girafrika, wennsd so bös bist! hörte ich die Kleine schreien, als ihre Mama sie wegtrug.

Jetzt bin ich so hoch heroben und kann nicht runter, weils immer rundherum geht. Warum schaut die mich so an? Ich bin die Susi und die da ist eine Schiraffe, sagt die Tante Margret. Ich hab dem Maxl mein Eis zum Halten gegeben, das tut mir jetzt leid, weil er wird dran schlecken und dann sagen, es wär geschmolzen. Heidelbeer und Schoko. Der erwischt mit einem Schlecker immer viel mehr Eis als ich. Heidelbeer ist mein Lieblingseis, aber das gibts nicht immer und jetzt schleckts der Maxl auf, weil, die Heidelbeerkugel ist die obere. Nachher ist nur noch Schoko übrig, wenn überhaupt. Weil das die untere Kugel war. Und der Maxl seins schon längst gegessen hat. Erdbeer hat er gehabt und ein grünes, wo ich mir den Namen nicht merken kann. Es gibt noch eins mit Bröckerl, das ist so gut, aber wir kriegen es nicht, weil Schnaps drin ist, sagt die Tante Margret. Die Schiraffe schaut, als ob sie reden könnte. Die Tante Margret ist schon furchtbar alt und braucht einen Stecken. Wenn ich jetzt zum heulen anfang, lassen sie mich vielleicht runter und es ist vom Schoko noch was übrig. Die Schiraffe hat die gleichen Zöpfe wie ich, da, zwischen den Ohren! Sie schaut lieb, aber das hilft mir wegen dem Eis auch nichts.

Jetzt ist es eh aus. Schad!

Uns beherrschen die Planeten – sie sind schuld an allen Nöten!
Es liegt an der Sternenwelt – wenn man mal vom Pferdchen fällt.

Waage, Jungfrau, Steinbock, Stier – was seid ihr und was sind wir?
Ich will ein Bier! sagt der Stier. Kommt nicht in Frage! sagt die Waage.

Wenn ich das schon höre, Archetyp! Ptolemäisch! Außenseiter sind wir hier im Karussell, keine Pferde, keine Vögel, nichts Exotisches. Daß wir draußen am Aussterben sind, interessiert hier keinen. Unser Gewährssteinbock, der Astrologe von der Decke, hat gesagt, die Erdzeichen seien am unbeliebtesten. Also, wenn man meinen Mann kennt, kann man das verstehen: Aber ich versuche doch mit jedermann auszukommen und die Kinder mögen mich.

Wir weiblichen Steinböcke erfreuen Freunde gern mit kleinen Geschenken und sind begabt im Handarbeiten. Verlorene Gegenstände suchen wir stundenlang. Geheimnisse hüten wir wie einen Schatz, genauso sind wir auch hinter ihnen her.

Und trotzdem fühlen wir uns in unserem Karussell immer noch wie Fremde, obwohl wir doch genauso lang hier leben und arbeiten wie die anderen.

Wir sollten uns nichts einbilden, sagen die blöden Gäule, im chinesischen Horoskop kämen sie auch vor, wir sollten nicht so großtun mit unserem astrologischen Job.

Die Chinesen haben sogar Ratten im Horoskop, was soll man da schon erwarten? Aber ich sage natürlich nichts, ich habe einen gut entwickelten Sinn für Humor und weiß immer, ob sich etwas lohnt oder nicht.

Was nützt denn Unfrieden im Team? Da bleibt man lieber für sich. Dunkelgrau ist auch eine Farbe, die zu unserem Zeichen gehört – die hat mein Mann natürlich unterschlagen! Afghanistan und Albanien sind Steinbockländer, das Stiefmütterchen ist meine Blume.

Kein Wunder, daß ich so traurig bin.

Damit muß man rechnen, in meinem Alter. Daß es um einen herum leer wird, meine ich. Das Geräusch kenne ich schon. Geht einem immer wieder durch und durch.

Es ging nicht anders, heißt es dann, es war besser für ihn, es gab keine andere Lösung. Na ja. Und dann kommt immer jemand auf die intelligente Idee, zu sagen, es stünden schließlich noch genügend Bäume herum. Die Leute haben keine Ahnung. Sie denken, einer wäre wie der andere. Hauptsache grün.

Ich werde nichts von ihm erzählen, ich bin schließlich keine Verwandte, nur entfernte Nachbarschaft. Habe schon eine Menge von denen umfallen sehen, und nur die allerwenigsten freiwillig. Mir wars um jeden einzelnen leid.

Ich weiß, daß es mich nicht gäbe, wenn nicht einige von ihnen vor langer Zeit zugrunde gegangen wären. Na und? Gerade deshalb gibt es ja eine gewisse Sympathie. Eine Art Familienstolz, so sehe ich das.

Es ist schade, daß man nicht erfährt, was danach aus ihnen wird. Naja: Hin ist hin, und ob eins Feuerholz oder Kirchenkanzel wird – was verschlägts.

Ich kriege jetzt unangenehm viel Sonne aufs Dach, soviel ist sicher. Es würde nachgepflanzt, habe ich den Gärtner sagen hören. Nachgepflanzt! Als ob man diese dürren Pinsel ernst nehmen könnte! Bis die einen ordentlichen Schatten werfen, dauert es Jahre.

Andererseits habe ich genug Zeit zum Warten.

Runde Reise
Reiserunde
Dauert keine Viertelstunde
Und hat fast denselben Preis
Wie ein Schokoladeneis
        Kutsch' oder Schlitten?
        Darf ich bitten?

1x 50 ₰

Ab September, manchmal auch erst im Oktober, dreht sich das Karussell langsamer. Erst ein wenig, so daß es die Kinder nicht merken. Nur manche von den Buben schreien: Schneller! Schneller! – aber da hört keiner hin. Höchstens, daß eins von den kleinen Mädchen sagt: Daß die auch immer so plärren müssen! Und dabei ein ganz vornehmes Gesicht macht.

Aber es läßt sich nicht verheimlichen: Das Jahr wird älter und das Karussell langsamer. Wer genau hinschaut, sieht, daß die Pferde ihre Köpfe ein bißchen hängen lassen, so daß der hölzerne Kopfputz schief steht. Nicht sehr! Und der Schwan hat seinen Hals doch immer schon so komisch gebogen – oder ist es jetzt mehr? Der Strauß harrt noch unbeirrt auf seinen dicken Beinen aus: Langsamer? Wir drehen uns doch nicht langsamer?

Aber sicher tun wir das, sagt die alte Frau Kommerzienrat Fischer.

Wer sie Oma Fischer nennt, wird die nächsten drei Tage schwere Bauchschmerzen haben, weil die Frau Kommerzienrat nämlich den Bösen Blick hat und ihn auch anwendet. Vor siebzig Jahren ist sie Gaderhubers Elschen gewesen und hat das mit dem langsamer werdenden Karussell herausgefunden, weil ihr Lieblingspferdchen mit dem roten Kopfpuschel das Maul nicht halten konnte:

Aufs Karussell werden im Lauf des Jahres so viele Geschichten und Schreie und Wünsche gepackt, daß es immer schwerer wird. Deswegen dreht es sich ab September oder Oktober langsamer. Wenn der Sommer schön war, früher, wenns verregnet war, später.

Aber wie wird es wieder leicht, das arme Karussell?

Das hat das Pferdchen nicht sagen wollen.

Man fühlt sich gleich ganz anders, wenn man hoch oben sitzt. Und höher gehts auf diesem Karussell nicht. Man muß sich schon ein paarmal vorsagen, daß man überhaupt keine Angst hat, was leichter geht, wenn man die Ältere ist und eine Jüngere dabeihat, der man einreden kann, sie hätte ja Angst. Darüber kann man so lange reden, bis man selber fast keine mehr hat. Die Angst ist was Komisches, weil, sie ist immer dann fort, wenn man genau hinschaut.

Man muß was machen, damit man sie hat, und wenn sie dann da ist, muß man sie verscheuchen. Und wenn das oft genug geklappt hat, kommt sie eines Tages nicht wieder, weil sie keine Lust mehr hat und lieber woanders hingeht. So hat es mir der Onkel Tscharlie erklärt, und die Mama hat es ihm verboten und gesagt, er soll uns keine Flöhe ins Ohr setzen. Und daß es ihr noch fehlen täte, wenn wir uns jetzt Mutproben ausdenken würden.

Ich weiß nicht genau, was das ist. Wir sagen immer: Sag feig!, wenn wir uns etwas nicht trauen und es doch machen wollen. Also, wenn ich mich nicht traue, auf das hohe Viech zu steigen, und aber möchte, dann sag ich zu meine Schwester: Sag feig! Und dann sagt die: Feig! Und dann sag ich: Ätsch, gar nicht feig! und steig auf das hohe Viech. Dann gehts andersherum genauso, und ich sag: Feig! zu meiner Schwester, bis die auch oben auf dem anderen hohen Viech ist.

Der Onkel Tscharlie sagt, das wär ein erfolgreiches Beispiel: Aber für was, das weiß ich nicht, weil ich das Wort noch nie gehört hab.

Immer wieder muß er zu diesem merkwürdigen runden Stall gehen. Er ist geschlossen, aber das macht dem Hund nichts aus. Er spürt, wie es dort drin atmet und scharrt und gähnt und schnaubt. Eine Million Gerüche, die er nie vorher gerochen hat. Der Hund heißt Taps und gehört einem berühmten Photographen. Der berühmte Photograph hat öffentlich behauptet, sein Hund könne sprechen und gehe allein ins Hundetheater. Außerdem brächte er die Zeitung, aber das sei ja nichts Besonderes.

Taps geht also allein spazieren, während sein Herr schöne Menschen und Sachen photographiert. Er vertraut seinem Hund, weil er weiß, daß der manierlich und vernünftig seiner Wege geht. Allerdings würde Taps, auch wenn er wirklich sprechen könnte, von dem runden Stall, den er entdeckt hat, nichts erzählen. Es zieht ihn immer wieder dorthin, besonders jetzt, da der ganze große Englische Garten sachte einschläft. Die Blätter duften scharf und traurig, aber aus dem Stall kommen sehr lebendige und anregende Gerüche. Es atmet durch die Ritzen; der Hund Taps ist vorsichtig. Er riecht Pferd, und doch nicht Pferd, Hirsch, aber nicht wirklich Hirsch, auch große Vögel und etwas wie Zoo.

Die Photographien, die sein Herr macht, sind schön wie aus Eis.

Egal, ob ein Junge oder ein griechisches Dorf auf dem Bild ist, wie aus Eis sehen sie aus. So sind sie in Wirklichkeit, sagt sein Herr.

Der Hund schaut auf den runden Stall und denkt nach.

Wir mögen keine Hunde, mein Mann und ich.

Nicht einmal die gut erzogenen, wo das Herrchen oder Frauchen immer schreien, der tut nichts! Der will bloß spielen! Hunde nehmen uns für bare Hirschenmünze, wenn sich nichts Besseres zum Jagen anbietet. Kein Gedanke an Respekt oder Ehrfurcht: Wir sind schließlich so etwas wie Kunst, aber das kümmert einen Hund nicht. Es kann sein, daß wir nicht nach Kultur riechen, sondern eher nach Jagd und Blut und Hetzen und Mord: Das liegt an unseren Geweihen. Das sind nämlich echte. Sonderbar, wie lange sich der Geruch hält!

Kläffer in allen Größen haben ihn jedenfalls sofort in der Nase, sogar ein muffartiges Tier, das von seinem recht gestandenen Herrchen mit einer Frisur wie der König Ludwig selig herumgetragen wird. Das motzt dann aus seiner Tasche heraus: Grrrrohh! Und das Herrchen sagt: Aber Daisy, so was machst doch sonst net!

Die anderen aber rennen uns im Kreis herum nach, schnappen nach unseren Beinen, bellen und machen sich überhaupt recht wichtig.

Und wir?

Eben weil wir ja in Wirklichkeit Kunst sind, haben wir keinen Fluchttrieb. Wir harren aus und lassen uns von blöden Promenadenmischungen zwicken und anhecheln.

Natürlich gibt es Ausnahmen. Der große Köter, der dem Photographen gehört: Der hat Manieren. Aber der kommt eben auch aus einem Künstlerhaushalt.

Mädchen mit Hut sehen alle aus, als ob sie Babette hießen. Ich finde es richtig, wenn die Kinder sich für uns schön machen und zeigen, daß Karussellfahren etwas Besonderes ist.

Unser Chef, der Beweger, Aufpasser und Herr der Kasse sagt das auch immer, wenn jemand sich beschwert, das Karussellfahren wäre zu teuer: Denen rechnet er gleich vor, was es wert ist, wenn das Leben sich dreht! Der Tagelöhner früher hat in der Stunde so viel Geld bekommen, wie eine Fahrt gekostet hat. Oben auf den Rössern oder auf mir saßen die kleinen Mädchen mit Hut, und unten im Keller ist einer im Kreis herumgelaufen und hat genauso viel verdient, wie die Eltern oben für eine Fahrt bezahlt haben.

Karussellfahren macht die Seele frei und das Hirn beweglich.

Ein berühmter französischer Maler, der es wissen muß, hat gesagt, unser Kopf ist rund gemacht, damit das Denken die Richtung ändern kann. Er hieß Picabia. Gewiß ist er gern Karussell gefahren. Und hätte begriffen, daß das nicht umsonst zu haben ist!

Außerdem kann man bei uns für ein paar Runden jemand anderer sein, auf dem Kamel ein arabischer Prinz, auf den Rössern Ivanhoe oder Schockemöhle und auf dem Schwan, na ja, was bei uns halt so als Schwan durchgeht, Opernstar: Weil das Karussell eben rund gemacht ist, damit das Leben die Richtung ändern kann.

Unbezahlbar!

Es geht auf den Herbst zu, man merkt, wie wir langsamer und langsamer werden. Der Sommer war schön, bis auf die Gewittertage, aber davon gab es nur wenige. Die Kinder und die erwachsenen Karussellfahrer haben uns alles mögliche dagelassen, angefangene Liebesgeschichten, Gebrüll, pfundweise Angst und viel Ausgelassenheit. Gelächter stapelt sich bis unters Karusselldach, die Kutschen sind randvoll mit Geschichten und die Steinböcke haben so viele Horoskope erzählt bekommen, daß sie keines mehr hören können. Es wird Zeit, daß es November wird.

An einem Novemberabend, ich darf nicht verraten, an welchem, wenn draußen alles still und dunkel ist und auch der allerletzte Hund sein Herrchen heimgezogen hat, macht der Herr Höllenreiner alle Fenster vom Karussell weit, weit auf, und dann legt er eine uralte Walze in die Drehorgel, die nur an diesem einen Abend gespielt wird. Es ist ein besonderes Lied, lustig und wild, aber auch traurig und schwer, und soll von einem längst toten bulgarischen Karussell stammen.

Dann geht er los, unser letzter Tanz im Jahr, wir drehen uns schnell und immer schneller, so schnell wie sonst nie, und die Musik peitscht und droht und treibt uns an. Das war schon früher so, als unsere Tagelöhner unter dem Karussell im Kreis liefen und das Querbrett schoben. Sie mußten in der Tanznacht nicht schneller laufen und auch unsere Maschine arbeitet nicht heftiger – das Wilde kommt allein aus der Musik und jedem von uns, und um Mitternacht spüren wir auf einmal, wie alle Schreie und Geschichten und Wünsche von uns abheben, noch einen Moment über uns schweben, Lebwohl sagen und dann davonfliegen, durch die weit geöffneten Fenster hinaus in die Herbstnacht.

Bleib mir treu, du kleine Bella
Wenn du da bist, lauf ich schneller
Wenn du da bist, wird es hell
Hier in unserem Karussell.

Bleib bei mir! Mit Kutschenpferden
Darfst du mir nicht untreu werden
Auch nicht mit dem Vogel Strauß
Denn das hielte ich nicht aus.

Hübsche kleine Trauerweide
Geh nicht weg! Weil ich sonst leide
Ich gehöre doch zu dir –
Schönen Gruß! Dein Lieblingstier.

In mir schlägt ein Herz aus edelstem Holze
Und Ludwig heiße ich, Ludwig der Stolze.
Ludwig der Erste, darauf leg ich Wert –
Der Zweite, das ist ein ganz anderes Pferd.
Mein Blick allein hat dies hölzerne Feuer
Schwarz dringt er und glühend durch jedes Gemäuer –
Kein anderes Roß kann so seelenvoll schaun
Weshalb mir vor allem die Frauen vertraun!
Bin aus ehrlichem Holz vom Huf bis zur Mähne!
Drum: Laß mich nicht warten, besteig mich, du Schöne!

Ob sie alle da drin sind? Den ganzen Winter über, im Dunkeln? Ob manchmal die Karussellorgel heimlich ein bißchen spielt, damit es nicht so fad ist bis zum Frühling?

Die müssen auch ausruhen.

Aber so lang?

Man konnte nicht durch die Bretterritzen schauen, aber an einem Dezembernachmittag hab ich etwas knarzen hören, innen im Karussell. Ich bin stehengeblieben und hab gewartet, bis mir fast die Füße angefroren wären. Der Schnee hat alles ganz still gemacht. Einmal hat etwas leise gequäkt; das kann aber auch eine von den Enten aus dem Englischen Garten gewesen sein.

Ich bin dann gegangen, es war auch schon dunkel.

Wo bist du gewesen? hat daheim das Kind gefragt.

Ich hab nach dem Karussell geschaut.

Morgen geh ich mit, hat das Kind gesagt. Ich glaub nicht, daß sie den ganzen Winter verschlafen.

Am nächsten Tag ist das Kind vorgelaufen, bis zum Eingang. Schau, hat es geschrien, schau doch!

Da waren dünne Räderspuren im Schnee, ganz deutlich.

Die Kutschen sind weg! hab ich gesagt. Vielleicht über den Winter zu ihren Verwandten nach Wien?

Ja, aber die anderen?

Vielleicht kriegen wir was raus, hab ich gesagt. Wir müssen halt oft hergehen.

Jeden Tag, hat das Kind gesagt.

Dreimal ist er zum Karussell gekommen, und jedesmal hat er gewartet, bis ich den Rücken frei hatte. Eigentlich war er schon beim erstenmal zu groß zum Karussellfahren, aber damals waren wir noch ganz neu und eine Attraktion. Ein dürres Hupferl ist er gewesen mit Hochwasserhosen, einer runden Drahtbrille auf der Nase und einem grausamen augsburgischen Dialekt, der klang, als ob ein Sack Kies ausgeschüttet würde. Das hat aber nicht gestört, weil er so schöne Sachen zu sagen wußte.

Das zweitemal hat er ein Mädel dabeigehabt, so eine Freche mit Bubikopf und einem Rock, der nur knapp über den Hintern ging. Sie haben unbedingt zu zweit auf mir sitzen müssen, obwohl der Sepp geschimpft hat. Der Sepp hat uns Tiere gemacht und kam oft, um nachzuschauen, wie es uns geht.

Die beiden haben gelacht und der dürre Kerl hat seiner Freundin mit seiner schepperigen Stimme was vorgesungen:

Und in der Sonne drehen / Die Karusselle dort – / Und wenn sie stille stehen / Dann dreht mein Kopf sich fort.

Nachts ruhn die Karusselle / Wie Milchglasampeln still / Jede Nacht wird sternenhelle / Nun geh es, wie es will!

Das Liedchen war länger, aber ich habs vergessen. Seine Freundin hat ihn angeschaut und gesagt: Wie du's nur immer machst!

Jahre später ist er noch einmal gekommen, ich habe ihn sofort erkannt.

Er war dürr und blaß, hat mir über den Schnabel gestrichen und etwas gesagt wie: Er müßte jetzt öfter die Länder als die Schwäne wechseln, oder so ähnlich. Ich kann mich verhört haben, zu der Zeit war es oft furchtbar laut. Er ist dann nicht mehr gekommen.

Oft ist das Lama
Sagt die Fama
Der Mittelpunkt in einem Drama
Spuckt und beherrscht das Panorama
Der Steinbock sagt:
I dat mi schama!
    Frau Steinbock sagts für die Vornehmen:
    Sie tät sich für das Lama schämen.

Zimt- und Zuckermäulchen
Brombeeraugengäulchen
Schönes Tier
Niemand soll dich reiten dürfen
Außer mir.

Mein Schnabel verschafft mir eine herausragende Stellung in unserer Gemeinschaft. Der Künstler hat sich ja etwas gedacht, als er ihm diese enorme Länge gegeben hat. Ich meine, wenn bei der Giraffe oder dem Kamel das eine oder andere nicht stimmt, kann man es darauf schieben, daß zu Sepps Zeiten die exotischen Viecher noch nicht herdenweise im Fernsehen herumgelaufen sind. Und andauernd in die Tierschau gehen wird zu teuer gewesen sein. Die Rösser soll er sich vom Karussell in der Betz'schen Gastwirtschaft in Bogenhausen abgeschaut haben. Aber meine Artgenossen! Die hat er studieren können, soviel er gewollt hat, auf jedem zweiten Kirchendach, in den Wiesen, förmlich gehupft sind damals die schönen nassen Wiesen vor lauter Fröschen, und meine Verwandtschaft dutzendweise mittendrin. Das weiß jeder.

Wenn er also meinen Schnabel so lang gemacht hat, so ungewöhnlich und königlich lang, bedeutet das eine Verpflichtung für mich. Wenn ich bloß wüßte, welche. Es kann nicht nur darum gehen, daß die Mädchen ein bißchen Angst vor ihm haben, die kleinen und die größeren – Respekt schadet zwar nichts, aber man muß doch wissen, was das Leben konkret von einem fordert. Nur das schwarzweiße Röcklein und die roten Strümpfe herzeigen ist ein bißchen wenig. Hier auf dem Karussell geht es sowieso zuviel um Äußerlichkeiten, da will ich nicht mittun.

Glänzen meine Augen noch genug? Sitzt mein Kopfpuschel grade?

Mein Zaumzeug ist verwittert, der Sattel hat einen Riß, mir ist ein Zacken aus dem Horn gefallen!

Verstehen Sie? Das bedeutet mir nichts. Mein Schnabel ist zwar einzigartig schön, aber er hat vor allem spirituelle Werte. Bloß welche?

Wenn ich ins Philosophieren komme, schaue ich gern die hölzernen Lampen an, die über meinem Kopf hängen. Sie sehen indisch oder chinesisch oder japanisch aus, auch ein bißchen afrikanisch, und jemand hat einmal gesagt, sie wären so schön, daß sie aufs Klo vom Hotel Königshof passen würden. Jedenfalls helfen sie beim Denken, dafür hat man ja auch früher schon gern eine Laterne genommen.

Ich denke oft an meine Reiter von früher. Das sei ein Zeichen für Vergreisung, sagt die Giraffe. Ich weiß nicht, warum sie sich so vor dem Älterwerden fürchtet, wir hölzernen Völker haben damit eigentlich wenig Probleme. Die Weichhölzernen vielleicht, denen drohen die Würmer. Aber unsereiner? Bei erträglicher Beanspruchung und angemessener Pflege brauchen wir uns keine Sorgen zu machen, keine Falten, kein Bröseln, keine Mattigkeit des Blicks!

An den Menschen kannst du sehen, was wir für ein Glück haben! Kaum daß sie noch mit Strampelbeinchen auf dir gesessen haben, schießen sie schon in die Höhe und wollen um nichts in der Welt aufs Karussell, höchstens zum Blödsinnmachen und die Kleinen erschrecken. Dann verschwinden sie ganz oder schauen höchstens einmal mit einem Fräulein vorbei, und plötzlich stehen sie wieder da und haben nasse Augen und graue Haare, oder gar keine mehr.

Doch auf einmal ists vorbei. / Aus das Spiel, die Lieder.
Kinderherz, brich nicht entzwei. / Du fährst niemals wieder.

Ernst hat er geheißen, Ernst Ginsberg. Den habe ich nicht vergessen.

Nachwort

Seit 1913 steht es da, wo es immer gestanden hat, mitten im Englischen Garten, nicht weit vom Chinesischen Turm: das alte Karussell des Dekorationsmalers August Julier mit den aus Holz geschnitzten Tieren des Bildhauers Josef Erlacher. Als ich in den 70er Jahren von einer Zeitschrift den Auftrag bekam, das Karussell zu photographieren, lernte ich noch Richard Julier, den Sohn des Besitzers, kennen. Es war Schwerstarbeit für den alten Herrn, die großen Holzverschläge von den Fenstern zu entfernen, um das Licht hineinzulassen, das bedingt von Jahres- und Tageszeit immer ein anderes ist und den Tieren einen geheimnisvollen Glanz und dem Raum eine ganz besondere Atmosphäre verleiht. Kommt man aus dem grellen Sonnenlicht, so muß man sich erst an diese kleine Höhle gewöhnen. Es ist wie das Eintauchen in eine andere Welt.

Aus Altersgründen mußte sich Richard Julier schließlich von seinem Karussell trennen; als Käufer hat er den Freistaat Bayern gefunden, der es nach alten Vorlagen hat restaurieren und renovieren lassen. So gibt es auf meinen frühen Aufnahmen einen wunderschönen weißen Schwan, den man heute, nach 25 Jahren, vergeblich sucht. Er hat nun ein rotes Gefieder und soll ein Flamingo sein – ein Schwan sei er in Wirklichkeit niemals gewesen. In die Fenster wurden unsichtbare Rollos eingebaut, die Biergartenstühle hat man durch Bänke ersetzt und der Sandkasten auf dem Kinderspielplatz ist verschwunden.

Ansonsten hat sich überraschend wenig geändert. Irgendwie scheint die Zeit angehalten. Die Kinder heute strahlen wie die Kinder von damals und bekommen nie genug und wünschen, was Kinder immer wünschen: daß es nie zu Ende gehen möge. »... und manchmal ein Lächeln, hergewendet, ein seliges, das blendet und verschwendet an dieses atemlose blinde Spiel«, heißt es in Rilkes Gedicht auf ein anderes Karussell, und man sieht dieses Lächeln, dieses Entzücken über so etwas noch nie Gesehenes, wenn Kinder zum allerersten mal am Karussell stehen und sich ein Tier aussuchen dürfen.

Die Münchner Kinder hingegen kennen ihr Karussell, und für ihre Eltern und Großeltern ist es oftmals Erinnerung an die eigene Kindheit.

Vielleicht hat mich das Karussell auch deshalb so angezogen, weil es so etwas in meiner Kindheit nicht gab. Bei Kettenkarussells auf Rummelplätzen sah ich mich hilflos durch die Lüfte fliegen, und schon beim Schiffsschaukeln wurde mir schlecht. Um so erstaunlicher war für mich die Erfahrung, daß ich viele Photos für dieses Buch sogar mit dem Rücken zur Fahrtrichtung stehend aufnehmen konnte. (Das ging allerdings nur gut, solange ich durch die Kamera schaute und auf einen festen Punkt fixiert war.)

Und so bedanke ich mich, daß ich auf diesem Karussell ein Stück Kindheit nachholen durfte, danke Richard Julier und seiner Frau Anna, der Bayerischen Schlösserverwaltung/Englischer Garten, den jetzigen Pächtern Bettina Horvath und Roberto Höllenreiner, den Kindern, die sich heute und damals haben photographieren lassen, und Eva Demski, die so spontan bei diesem Projekt mitgemacht hat, als wäre das Karussell schon immer ihr Thema gewesen.

Isolde Ohlbaum

1 2 3 4 5 06 05 04 03 02

ISBN 3-7254-1253-7 Satz: Satz für Satz. Barbara Reischmann, Leutkirch Lithos: Karl Dörfel GmbH, München Druck und Bindung: Appl, Wemding Printed in Germany